KB190101

想見你 someday or one day 手札

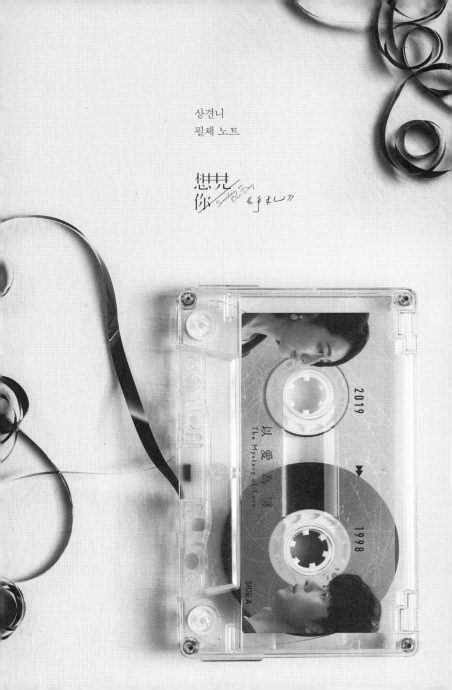

LAST DANCE

所以暫時將你 眼睛閉了起來
黑暗之中漂浮我的期待
平靜臉龐映著繽紛色彩
讓人好不疼愛

你可以隨著我的步伐
　　　　　輕輕柔柔的踩
將美麗的回憶慢慢重來
緩緩從情感之中翻開
明天我要離開

그러니 잠시 눈을 감아봐
나의 기대가 어둠을 가득히 채워
찬란한 빛이 평온한 얼굴 위로 쏟아져
사랑할 수밖에
내 걸음을 따라 사뿐사뿐 밟아봐
아름다운 추억들이 천천히 되살아나
문득 이 낭만을 떨치기 아쉬워
내일이면 나는 떠나야 해

你给的爱 甜美的伤痛
紧紧的锁住了我
隐藏不住的脆弱
泛滥河水将我带向你的心头
　　　　　　　　不停流

所以暂时将你眼睛闭了起来
可以慢慢滑进我的心里
舞池中的人群渐渐渐渐散开
应该就是现在

네가 준 사랑, 달콤한 상처
나를 꼭 묶어버려, 약해진 마음 숨길 수 없어
넘쳐흐르는 강물은 멈출 수 없이
너에게로 날 데려가
그러니 잠시 눈을 감아봐
천천히 내 마음에 들어와도 돼
무대 위의 사람들이 하나둘 흩어져
그래 바로 지금이야

평행 세계에 살고 있는 또 다른 너를, 한번…… 찾아보고 싶지 않아?

悲傷不好看
沒有人喜歡

所以 我戴上你們期待的表情
以為你們想要的樣子

這樣
你們就可以喜歡我了
對嗎?

슬픈 얼굴 별로잖아.

누가 좋아하겠어.

그러니까 난 너희가 원하는 가면을 쓰고

너희가 바라는 모습이 되려는 거야.

그럼

날 좋아해 줄 거잖아.

그렇지?

네가 마음이 아픈 건, 그 사람을 너무 쉽게 보내버린 건 아닐까 후회돼서가 아니야.
그 사람이 널 떠났기 때문이지…….

如果一个人真的有超能力

我想變成透明的

我想看看那個世界裡

有誰想念我，有誰記得我

我不想擁有超能力

看見一沒有我的世界繼續轉動

和昨天，和今天，沒有一點不同

초능력이 있다면

투명 인간이 되고 싶어.

누가 날 그리워하고,

누가 날 기억하는지 보고 싶으니까.

내가 없어도 변함없이 돌아가는 세상과

하루하루 달라지는

어제와 오늘은 보고 싶지 않아.

오늘, 또 네 꿈을 꿨어.

우리 사귀고 나서 네가 그랬잖아. 매년 내 생일은 늘 함께하겠다고.

설령 소원이 이뤄지지 않더라도 그것 때문에 상처받진 않을 거야⋯⋯.

原以為我住在

陽光進不來的深海裡

一片漆黑、無邊無際

直到我浮現盡頭才明白

原來我只住在魚缸

魚缸裡

房間閒是空的

沒有人開火燈

해가 들지 않는

심해 속이라고 생각했어.

어둑하고 끝이 보이지 않았으니까.

끝에 다다라서야 알았어.

나는 어항 속에 있었던 거야.

그리고 텅 빈 방 안에는

불 켜줄 사람 하나 보이지 않았어.

만약 그 사람이 실은 날 그렇게 많이 사랑한 게 아니라면, 그렇다면…….

나도 이제 그 사람을 잊을 수 있지 않을까? 지금처럼…… 이렇게 그립진 않을 거야…….

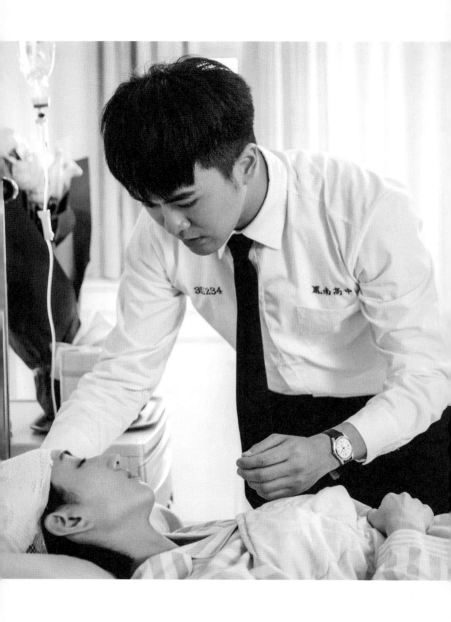

面具戴久了
我就忘了什麼是表情

~~等到弄~~

等到乖巧和善良
都練習到熟稔
我就可以忘記
什麼是悲傷...

가면을 오래 쓰다 보니 표정을 잃었어.

착하고 선한 그 모습이 내 것인 듯

익숙해질 때까지 연습하는 동안

슬픔이 뭔지 잊을 수 있었어…….

널 좋아해. 우리가 얼마나 알고 지냈느냐는 조금도 중요하지 않아.
왜냐하면, 처음 봤을 때부터 확신했거든. 널 좋아할 거라는 걸.

我學會了古文唐詩
三角函數和介係詞

誰能教我怎麼變成你們
開心、自在、理所當然的對你們

或是教我怎麼變不見
無矽疑、自由、有所歸屬的雲矢

고문을 배우고, 당시도 배웠어.

삼각함수도, 관계대명사도 배웠지만

너희처럼 되는 법은 어디에서 배워야 할까.

즐겁고 자유롭고 모든 게 당연한 듯한 너희처럼.

아니면 가르쳐줘.

거침없이, 자유롭게,

돌아갈 곳 있는 영혼처럼 사라지는 방법을.

내 세 번째 소원을…… 너에 대해 한 번 더 빌어도 될까?

也許在另一個城市

另一個時候

會有一個人愛我

無論如何不會抛下我

也許我會愛他

也許我們會在一起

也許……我可以感到幸福

또 다른 어딘가, 또 다른 시간에는

어쩌면 날 사랑해 줄 사람이 있을지 몰라.

무슨 일이 있어도 날 버리지 않는

그런 사람이 있을지도 몰라.

나도 그 사람을 사랑하고

그렇게 우리 둘이 함께할 수 있을지도.

어쩌면…… 나도 행복해질 수 있을지도 몰라.

정말 너무해. 왜 날 혼자 두고 간 거야.
네가 없어서 내가 얼마나 괴로운지 알아? 얼마나 그리워하는지 알아?

如果我們夠近
你就會聽見 我說的話

像一顆氣球 飛往向遠方

如果我們夠近

你就會知道

我想對你說

至少你知道

만약 우리가 물고기라면

저 멀리 떠오르는 공기 방울 같은

나의 이야기를 네가 보았을 텐데.

만약 우리가 물고기라면

네가 알았을 텐데.

널 향한 나의 이야기를

적어도 네가 알았을 텐데.

나는 가끔 우주에서 가장 어둑한 별이 된다.
이 미약한 존재를 누군가 알아주길 바라면서 혼신을 다해 빛을 내는 별.
그러나 결국 날 기다리는 건 추락뿐이다.

추락하는 순간, 나는 안다. 이 세상에 날 기억하는 이는 없다는걸.

내 마음 깊숙이 어둑한 그 방 안에서 날 안아주는 사랑의 노래를 읊조린다.

별똥별이 정말 소원을 들어준다면

난 별똥별이 되고 싶어.

내가 떨어지는 순간

적어도 네가 날 한 번은 봐줄 테니까.

적어도 내가 네 소원을

들어줄 수 있을 테니까.

누가 날 이해해 줄까. 누가 내 마음을 들어줄까. 아무도 없을 거라고 생각했어.
아무리 소리쳐도 내 목소리를 들어줄 사람은 없을 거라고.

如果流星可以許願

我希望我也是顆流星

至少在墜落的時候

你可以看我一眼

至少我還能

成全你一個願望

사실 난 간절하게 바랐던 거야. 누군가 날 이해해 주고 내 마음을 들어주기를.
말하지 않아도 내 목소리를 들어주기를.

올해 생일, 나의 세 번째 소원은 널 만나고 싶다고 빌었어.

네 생각을 하다 잠이 들었어. 꿈에서 널 만나게 될 줄 알았는데, 아니었어.

꿈에서 나는 혼자 출퇴근을 하고, 혼자 밥을 먹었어.
지금처럼 혼자 영원히 답이 오지 않을 메시지를 너에게 계속 보내고 있었어.

난 가끔 궁금해. 만약 꿈에서 널 만난다면, 그건 좋은 꿈일까, 아니면 악몽일까?

너의 그림자가 될 수 있을까?

네가 벽에 기대설 때
네가 땅에 누워서 쉴 때
내 등을 너의 등에 맞댈 수 있게.
햇살이 흩뿌려지는 곳에서는
네 옆에 있을 수 있게.

我可以做你的影子嗎？

當你靠在牆上的時候
當你躺在地上的時候

讓我的背，貼著你的背
所有陽光照不到的地方

我就會在你身旁

아무리 미련이 남고, 아무리 사랑한다 해도, 안녕을 말하는 순간,
모든 건 완전히 끝나는 거야.

미래에 넌 정말 정말 좋아하는 여자를 만나게 될 거야.
무슨 일이 있어도 절대 그 아이 손을 놓아선 안 돼.

그러면 그때의 너에게 말해줄게.
네가 미래에 좋아하고 사랑하게 될 유일한 한 사람이 바로 나라고.

뭘 해도 네가 울던 모습만 계속 생각나…….
대체 왜 울었을까? 왜 날 바라보면서 그렇게 슬프게 울었을까…….

아득한 밤하늘을 떠다니고 있어.

반짝반짝 빛나는 듯한 저 별빛은

물속으로 가라앉는 나의 거품이자

방울방울 사라져가는 나의 생명일 거야.

오늘 밤, 별 하나가 사라진다 해도

눈치채는 사람 하나 없겠지.

종종 세상이 너무 시끄럽게 느껴지면 귀를 막게 돼.
고요 속에서 이 세상의 목소리를 눈으로 이해해 보는 거야.

我在無垠的夜空裡浮載浮沉

看似一閃一閃的星光

是我浮身水的氣泡

是我點點隨流逝的生命

如果今晚少了一顆星星

也不會有人發現吧

난 내가 남들과 다르다는 걸 알아. 나 같은 사람은 없다는 것도.
나와 비슷한 그 별난 소녀를 만나기 전까지는 그랬어······.

세상이 차가워,

옷을 한 겹 더 여민다.

너희에게서 한 뼘 더 멀어져,

영원히 체온을 잃은 채로…….

처음 그 아이 목소리를 들었어. 그때 깨달았어.
그 아이가 다른 사람과 달리 내게 특별했던 이유를…….

世界好冷

於是我再穿上一件外套

來牽住你們，再

再遠遠一點

永恆失溫著……

간혹 이해할 수 없는 말을 할 때도 있지만,
그래서 그 아이가 더 궁금해. 그 아이 생각을 알고 싶어져…….

가끔은 어른스럽다가 또 가끔은 유치해서 내 장난에 화를 내기도 해…….

다시는 만날 수 없는 사람이라는 걸 알고 있잖아. 그런데도 계속 그리워하는 건……
그건…… 어떤 느낌이야?

문득 내가 아주 보잘것없는 존재처럼 느껴지는 거야……. 아주 작은 존재…….

그 아이 생각에서 조금이라도 벗어나 보려 애를 쓰는데
부지불식간에 이 세상이 또 그 아이로 가득 차버리는 거야…….

주변에 있는 것들이 문득 아주 무겁게 느껴져.
숨 쉬는 순간마다 이유 없이 가슴이 무거워져…….

울지 말라고, 울면 안 된다고, 아무리 자신을 타일러도 눈물이 제멋대로 흐르는 거야…….

파도 같은 거라고 계속 나 자신을 설득해. 조금만 기다리면 저절로 지나갈 거라고.
조금만 지나면 그리움도 차츰 사라질 거라고…….

우주 바깥은

온 세상이 한순간에 얼어붙을 만큼 차갑대.

그게 정말이라면

얼마나 아름다울까.

너희는 그곳에서 웃음 짓고

난 이곳에서 가만히 입을 닫아.

너희의 목소리는 들려오지 않고

내 눈 속의 빛도 전해지지 않아.

그렇게 너희는 내게 풍경이 되고

나는 너희에게 한 장의 사진으로 남아.

그렇게 나를 설득하다 문득 또 깨닫게 돼,
실은 오래전부터 그 그리움 속에 완전히 잠겨 있었다는 걸⋯⋯.

我聽說外太空
冷到會一瞬間全世界都凍結
如果是真的
一定很美

你們在那個世界笑著
我在這個世界沉默著
你們的聲音傳不過來
我眼中的光然不過去

於是你們成了我的風景
我成了你們牆上的一張相片

밀물처럼 밀려 들어오기만 할 뿐,
절대 물러가지 않을 그리움이라는 걸 알게 되는 거야…….

청춘이란 어떤 모습이어야 할까.

왜 너희의 이야기는 내 것과 다른 걸까.

가장 찬란하고 아름다워야 할 시간 속에서

난 아직 한 번도 피어나지 못했어.

겨우내 오래 잠들었던 씨앗이

봄이 되어 천천히 죽어가듯.

내게는 지금 이 시간이 가장 힘들고

내게는 지금 이곳이 가장 괴로워.

왜 나는 저 작은 새처럼

나만의 세상을 향해

멀리 날아오를 수 없는 걸까.

내가 믿어주길 바란다면, 네가 한 말이 모두 진짜라고 믿어볼게.

青春應該是什麼模樣

怎麼你們發現的都和我的不一樣

在應該最燦爛美麗的時光裡

我卻未曾展開

像一顆冬眠太久的種子

緩緩在春天甦醒

最討厭的時候叫做現在

最討厭的地方就是這裡

為什麼不能像一隻小鳥

縱身飛向遠方

飛向遠方

抵達一個屬於我的世界

어떤 노래를 듣다 보면 그런 느낌이 들 거야. 마치 타임머신처럼 나도 모르게……
멜로디를 따라 과거의 어느 순간으로 돌아가는 듯한 느낌.

마치 그 노래처럼 자꾸 떠올리게 돼…….
아주 오래전부터 지금껏 한순간도 지울 수 없었던 그 사람을…….

네가 떠나고 나서 다들 그랬어. 슬퍼하지 말라고. 언젠가 외로움은 익숙해지고 상처는 치유되고 그리움은 사라질 거라고. 시간이 모든 걸 데려가면, 즐거운 날이 올 거라고.

또 다른 생일 축하를 받고 나서야 알았어. 시간이 데려간 건, 세월뿐이었다는 걸.
넌 한순간도 떠난 적이 없었다는 걸.

너와의 재회를 기다리던 15년 동안, 우리 사이에 있었던 일을
난 단 하루도 잊어본 적이 없어. 나 자신에게 계속 물었어.

그 어떤 순간에도, 난 지금처럼……
모든 걸 바꾸기 위해 미래에서 온 너를 사랑할 거라고…….

언제나 내게서 가장 머나먼 곳에 있었던 건…… 바로 너였어…….

네가 지금 이 세상에서 사라지고 싶은 건, 세상에 실망해서가 아냐.
기대가 너무 컸기 때문이지…….

그리고 얼굴도 아주 무거워지는 거야……. 있는 힘을 다해 입가를 들어 올려야
겨우 조금 웃어 보일 수 있을 만큼……. 눈물까지 무거워져 버리는 거야.

你給的愛　甜美的傷害

想問問你的心中
不願面對的不懂
明天之後不知道眼前的你
是否依然愛我

네가 준 사랑, 달콤한 상처
네 마음을 묻고 싶어
피하고 싶었던 의문들
내일이 지나면
넌 여전히 날 사랑할까

옮긴이 김소희

중국어 번역가. '차라'라는 필명으로 오랫동안 활동해 왔다. 시나리오 번역으로 입문해 다수의 한중 합작 드라마
와 영화 대본을 번역하고 중국어 관련 도서를 여러 권 썼다. 현재는 출판 번역과 함께 중국 원서 읽기 모임 '차라
북클럽'을 운영하고 있다. 지은 책으로 『중국어 번역가로 산다는 것』『마음의 문장들』『네이티브는 쉬운 중국어
로 말한다』 등이 있고, 옮긴 책으로 『어서 와, 이런 정신과 의사는 처음이지?』『어른을 위한 인생 수업』『상견니
영화 각본집』『상견니 영화 포토 에세이』『네 마음에 새겨진 이름 포토 에세이』『가까이, 그녀』 등이 있다.

상견니 필체 노트

초판 1쇄 인쇄 2024년 12월 10일 **초판 1쇄 발행** 2024년 12월 23일

지은이 켰평프로덕션, 폭스네트웍스그룹
옮긴이 김소희
펴낸이 김선식

부사장 김은영
콘텐츠사업본부장 임보윤
책임편집 박하빈 **책임마케터** 배한진
콘텐츠사업2팀장 김보람 **콘텐츠사업2팀** 박하빈, 채윤지, 김영훈, 박영롱
마케팅본부장 권장규 **마케팅2팀** 이고은, 배한진, 지석배, 양지환
미디어홍보본부장 정명찬 **브랜드관리팀** 오수미, 김은지, 이소영, 박장미, 박주현, 서가을
뉴미디어팀 김민정, 고나연, 홍수경, 변승주
지식교양팀 이수인, 염아라, 석찬미, 김혜원, 이지연
편집관리팀 조세현, 김호주, 백설희 **저작권팀** 이슬, 윤제희
재무관리팀 하미선, 임혜정, 이슬기, 김주영, 오지수
인사총무팀 강미숙, 이정환, 김혜진, 황종원
제작관리팀 이소현, 김소영, 김진경, 최완규, 이지우, 박예찬
물류관리팀 김형기, 주정훈, 김선진, 채원석, 한유현, 전태연, 양문현, 이민운
외부스태프(디자인) 위드텍스트 이지선

펴낸곳 다산북스 **출판등록** 2005년 12월 23일 제313-2005-00277호
주소 경기도 파주시 회동길 490 **전화** 02-704-1724 **팩스** 02-703-2219
이메일 dasanbooks@dasanbooks.com **홈페이지** www.dasan.group **블로그** blog.naver.com/dasan_books
용지 한솔피앤에스 **인쇄** 한영문화사 **코팅 및 후가공** 제이오엘엔피

ISBN 979-11-306-6133-9 (03680)